我们在西藏修铁路

王荃荃　著

外文出版社
FOREIGN LANGUAGES PRESS

本书编委会

王丽娟　王维俭　王　睿　任继红　李洪安　杨建华　何义斌　余　霖　张克敬

张树海　陈志明　武　威　徐海平　陶德斌　谢敬平　廖宏斌　谭发刚　魏加志

（按姓氏笔画为序）

谨以此书献给所有参与过青藏高原铁路建设的人，献给所有关心、支持青藏高原铁路建设的人。

这是地球上最接近太阳的地方，纯洁安静，凶险荒寂。

这里年平均气温在0℃以下，大部分地区空气含氧量只有内地的50%～60%，高寒缺氧，风暴肆虐，紫外线强，自然疫源多……

这里，是人类生存"禁区"——

世界之巅

我们修路

青藏铁路

这条穿越戈壁、雪山和无人区，最终抵达拉萨的高原铁路，以最高海拔和最长冻土里程让世界瞩目。在无法想象的艰难中建成的这条铁路，是建设者在地球之巅树立起的精神地标。

建设最难：
青藏铁路二期工程

也称"青藏铁路格尔木至拉萨段"，简称"格拉段"。
东起青海格尔木，西至西藏拉萨，全长1142公里，其中新建线路1110公里。

始建于2001年
开通于2006年

拉萨　　　格尔木　　　　　　西宁

川藏铁路

党和国家给予川藏铁路的定位高度是："实现第二个百年奋斗目标进程中的标志性工程"，是中国铁路建设的"头号工程"，青藏高原的高海拔和横断山脉的硬阻挡，给建设带来了众多世界性难题。

青藏高原

世界屋脊
地球"第三极"

高
世界海拔最高的高原，平均海拔4 000～5 000米。

大
中国境内面积257万平方公里，占中国国土面积的近三分之一。

拉萨　羊八井　那曲　安多　五道梁　格尔木　西宁

5000米

那曲河　通天河　沱沱河

青藏铁路
海拔4 000米以上地段960公里

4000米

念青唐古拉山　风火山　唐古拉山　可可西里　昆仑山

3000米

高原的辽阔和浩渺，让高原之上人和物都仿佛缩小了，对自然的敬畏自然到来。

路

青藏高原上的铁路，是进入天堂般美景中最为强大和舒适的交通工具，是高原天际线上一道强劲的工业景观。

人

青藏高原铁路的建设者，是铁路史诗中的主人公。

青藏高原上的铁路

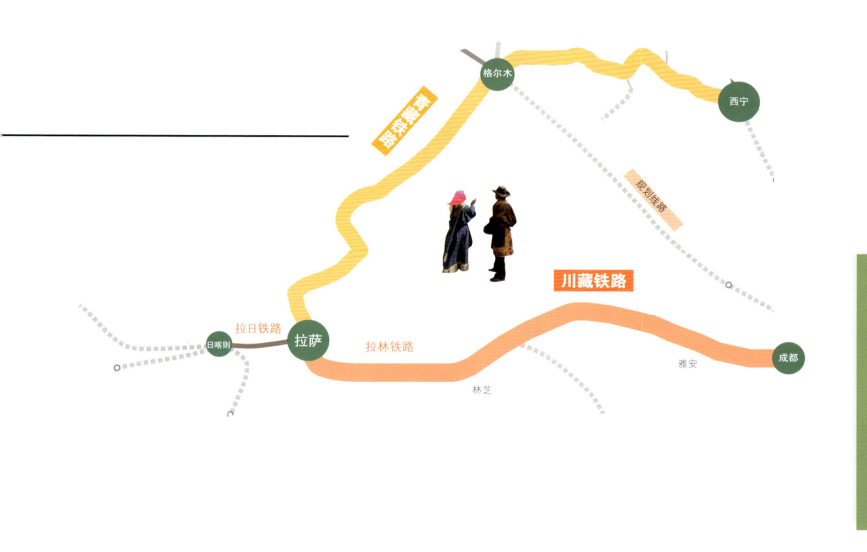

青藏铁路

规划线路

川藏铁路

拉日铁路

拉林铁路

格尔木

西宁

日喀则

拉萨

林芝

雅安

成都

一份近二十年个人影像记忆，中国人拼搏不止、青藏民族地区发展进步、国家经济科技强大的史实。

序言

　　欣闻王荃荃同志《我们在西藏修铁路》一书即将付印。作为长期在藏工作的老同志，我对铁路大军为西藏作出的突出贡献、付出的巨大牺牲，表示衷心感谢、致以崇高敬意，对王荃荃同志表示由衷祝贺。

　　《我们在西藏修铁路》是筑路大军修建青藏铁路、川藏铁路（拉林段）的工作生活缩影，更是王荃荃同志对西藏这片高天厚土无限热爱的生动写照。一幅幅壮美的照片、一缕缕精妙的构思、一片片真情的流露，生动展现了筑路大军在高寒雪域热火朝天的干劲，生动展现了青藏铁路、川藏铁路（拉林段）作为天路的神奇，生动展现了西藏各族干部群众满满的幸福。《我们在西藏修铁路》一书图文质朴淳厚，是扎根在他工作生活的土壤里的，让人瞬间走进作者的心田，并能感受到那一份与众不同的特殊西藏情结。

　　《我们在西藏修铁路》具有很高的艺术价值、社会价值和教育价值。《我们在西藏修铁路》透过一帧帧的照片，表达了以王荃荃同志等为代表的筑路大军高质量完成党中央重大决策部署的坚强决心，表达了战胜世界屋脊"生命禁区"的顽强斗志，表达了为西藏铺就发展路、团结路、幸福路的必胜信心，表达了同西藏各族群众一道不断铸牢中华民族共同体意识的坚定意志。

　　相信《我们在西藏修铁路》付印发行后，必将给正在修建川藏铁路等各路筑路大军以强大鼓舞激励，必将对西藏各族干部群众奋力谱写雪域高原长治久安和高质量发展新篇章具有重要促进作用。

周春来

西藏自治区人大常委会原党组副书记、副主任

当我们为西藏七十余载建设和发展成就而倍感自豪的时候，又收到了一份援藏建设者的礼物——王荃荃的摄影集《我们在西藏修铁路》。

西藏，海拔4000米以上的地区占全自治区总面积的85%。西藏是险地，在"世界屋脊"生存已属不易，在旷野上施工尤为艰险，每次挑战极限都面临生死考验。

然而王荃荃和筑路大军不仅坚守高原，创造着世界铁路建设的奇迹，而且他还不忘用手中的相机记录着历史。

在作者眼中，这里的一切都是那么美好、那么珍贵、那么值得。无论是建设工地、工人，还是西藏所见到的人和动物。甚至连机械设备，也不再冰冷，同样具有了生命和灵气。

高原的寒冷与内心的炽热，在一帧帧照片中融为一体。

镜头是冰冷的，但透过镜头，可以感受到作者的温度，可以触摸到作者的心灵，可以感悟到作者的情怀。

王荃荃是一个很有激情、很有韧性、很能拼命的人，无论是修铁路，还是拍照片。看似平淡无奇，但在他的镜头中，却出新、出奇、出彩。摄影主题的提升实质上是人精神境界的升华，是情感的抒发。

王荃荃两次进藏，在青藏铁路建设中，他们承担了500多公里的铺架任务，铺就了世界上海拔最高、线路最长的高原冻土铁路，结束了西藏地区没有铁路的历史。10年后，他们又担负起川藏铁路拉林段全线铺轨施工任务，实现了复兴号列车首次飞驰在雪域高原的壮举。

今天，西藏交通状况发生了历史性巨变。这些成就的背后，是无数个和王荃荃一样的高原筑路人用生命和汗水在付出、在奉献……

青藏铁路、川藏铁路（拉林段）的修筑，不仅创造了人类铁路建设史上的奇迹，更形成了极其宝贵的精神财富。饱含高原筑路人的理想和精神，是革命英雄主义与革命乐观主义的体现，是缺氧不缺精神、艰苦不怕吃苦、海拔高境界更高的"老西藏精神"的真实写照。

如果见到本人，就会发现与他初上高原时的"形象"差别很大了。王荃荃的头发大部分已经留在了高原，因强烈的紫外线照射而变成古铜色的肤色、因长期缺氧而黑紫的唇色却始终陪伴他不肯离去。

有人说，援藏建设者就像高原上的蒲公英，不论在哪里，都能开出灿烂的花朵。青藏高原的蒲公英有着异乎寻常的生命力，无论气候如何寒冷，无论土壤如何贫瘠，蒲公英迎风飞扬，撒向广袤的天地，绽放生命的精彩。来自雪域高原的援藏建设者和他的作品，如朴实无华的蒲公英一般，开放在你眼前。

周健伟
新华社西藏分社原副社长，现任广东分社副社长

前 言

2021年7月22日，当看到习近平总书记到林芝火车站考察，了解川藏铁路总体规划及拉萨至林芝段建设运营情况，并乘坐专列实地察看拉林铁路沿线建设情况的报道时，作为一名青藏铁路与拉林铁路的建设者，我的心情无比激动与自豪。

我是一家建筑央企的职工，2003年初被派进藏，和成千上万的建设者一起，投身到新西藏的建设中。

当时我们公司的驻地在拉萨市西郊长途客运站对面。我们承建的工程除了拉萨河防洪堤等，还有林芝机场、日喀则粮库、山南灌溉渠等工程。这些工程都是西藏自治区的重点工程，都是造福各族群众、促进经济发展的民生工程，年轻的我很有成就感。

由于工作的原因，我经常到各个工地出差，风霜雨雪，酷晒极寒，虽苦却很快乐。行走在西藏各地，雪域高原的山川河流，风土人情，还有博大精深的藏文化，这一切让我深深地爱上了神奇的高原。当时，我在拉萨市最繁华的太阳岛西桥彩门上悬挂的巨幅标语"中铁十一局——扎根雪域，建功高原"，成了新地标。

眨眼间到了2004年年初，公司承担施工的青藏铁路安（多）拉（萨）段铺架工程，前三任项目书记因为身体原因陆续离职，组织上把我从海拔3600米的拉萨市"空降"到海拔4700多米的安多县。这在别人眼中的苦差事，我却非常喜悦，因为作为一名工程人，能参与青藏铁路这样伟大的世纪工程，是可遇不可求的事呀！

2004年3月的一天，我在大风中赶到了位于安多县城外的青藏铁路安拉段铺架基地，从此开始青藏铁路建设的人生历程。青藏高原的第一台机车——我们把东风4型机车在青海秀水河解体后，用汽车运输到西藏安多铺架基地再组装，服务于青藏铁路安拉段铺架等工作；钢轨铺设进拉萨——从安多到拉萨，一米一米、一天一天，铁路铺轨挺进到拉萨……我和同事们是青藏铁路建设史上许多重大而有意义的事件参与者。

铁路修到了拉萨，我就完成了自己的历史使命，离开了西藏。原本以为我这一生不会再进藏去修铁路了。没想到，2018年，我们承担的拉（萨）林（芝）铁路一标，前后两任指挥长因为身体原因离开高原工作岗位，组织遂决定派我去接替工作。我心里忐忑不安，一方面是高原的召唤，另一方面却是因为多年工作在青藏高原，落下的血红细胞增多症、高血压等疾病已经不再适合高原工作。我把自己的顾虑向集团公司总经理张树海同志进行了报告，他鼓励我说："你先上去，有问题再说！"

2018年4月底，我义无反顾地赶到了拉萨——林芝的拉林铁路建设工地。现场重重困难，形势严峻，我没有半点的喘息，迅速投入到工作中，夜以继日的解决遗留问题，全力推进施工生产的进程。在全体员工的努力下，实现了轨枕预制成功、预制桥梁复工复产、正式铺轨等重大节点目标。

2018年7月26日，李克强总理考察川藏铁路拉林段施工现场。他走进我们承建的海拔3650米的嘎拉山隧道，先后两次蹲下仔细检查施工质量，要求严丝合缝、精益求精。总理对施工人员关心地说，这里海拔很高，站着不动都是负重，更何况你们还要高强度工作，一定要保重身体。总理强调，拉林铁路是川藏铁路的重要一段，川藏铁路建成后将成为继青藏铁路之后世界屋脊通往内地的又一条大动脉。它不仅会拉近西藏与内地的空间和发展距离，也会拉近彼此的心理距离。川藏铁路对西藏的发展建设和生态保护意义重大，不仅是西藏人民的期盼，也是全国人民的心愿。完成这项任务，责任重大、使命光荣，希望你们保质保量把这条铁路建成精品工程，经得起历史检验。总理的指示给了我们巨大的鼓舞，各项工作顺利推进，铁路不断向前延伸。

然而，高原毕竟就是高原，由于长期的高原反应，极大的工作强度，我的身体出现了严重的问题。2019年4月，我晕倒在工地上。经住院检查发现各项指标严重超标，已经完全不能继续在高原环境停留了，必须立即脱离高原缺氧环境。组织决定调我回内地治疗，自此，我离开了拉林铁路的工地。

我虽然已经不在西藏，但却有了和许多在西藏工作过的人一样的习惯：特别关注西藏的事，特别容易被西藏的事感动。

值得庆幸的是，我在西藏修建青藏、拉林铁路的过程中，随手拍了一些照片，留存为永远的记忆。

王荃荃

2024年1月23日

目录

史诗

20

建筑 88

美祥 126

史诗

世界最高处铁路的修建，

是人类铁路发展史上的史诗。

2003年初，我被派进藏，和成千上万的建设者一起，投身到了新西藏的建设中。2004年初，赴安多县负责安（多）拉（萨）段铺架施工。从安多到拉萨，一米一米铺轨前进……我和同事们见证、参与了这条史诗级铁路修建的许多重大事件。

2005年10月，青藏铁路全线铺通。2006年7月，青藏铁路全线建成通车。2018年，我在川藏铁路的拉（萨）林（芝）段一标任指挥长，我们实现了重大节点目标。2018年7月26日，李克强总理考察川藏铁路拉林段施工现场并仔细检查施工质量……

现在我离开西藏已近5年了，但对西藏的关注从未改变，仍容易被西藏的故事感动。

梦回青藏铁路

2004年6月22日，在海拔4700米的安多车站，青藏铁路安拉段开铺典礼举行。开工仪式上的气氛很热烈，建设自此开启。

每一条铁路线都是从勘探开始，经过许多环节直到开通运营。在青藏高原建设铁路，注定过程艰险。

铁路穿越羊八井大峡谷，这里是一段长长的大下坡，50公里距离海拔下降1000米。

我们的筑路从铺轨开始，铺轨机吊起轨排，铺到修好的路基上，一排一排，时间一天天过去，钢轨向前延伸。

在不同的时刻和地点中，铺轨的场景都是美的。雪域几十公里，常常只有我们。我们是这场景忠实的观赏者。

轨排和预制梁里，藏着钢筋铁骨，和建设者气质相同。

勘探

选线

设计

开工

桥隧建设

车辆建设

联调联试　　　　　　试运营　　　　　运营

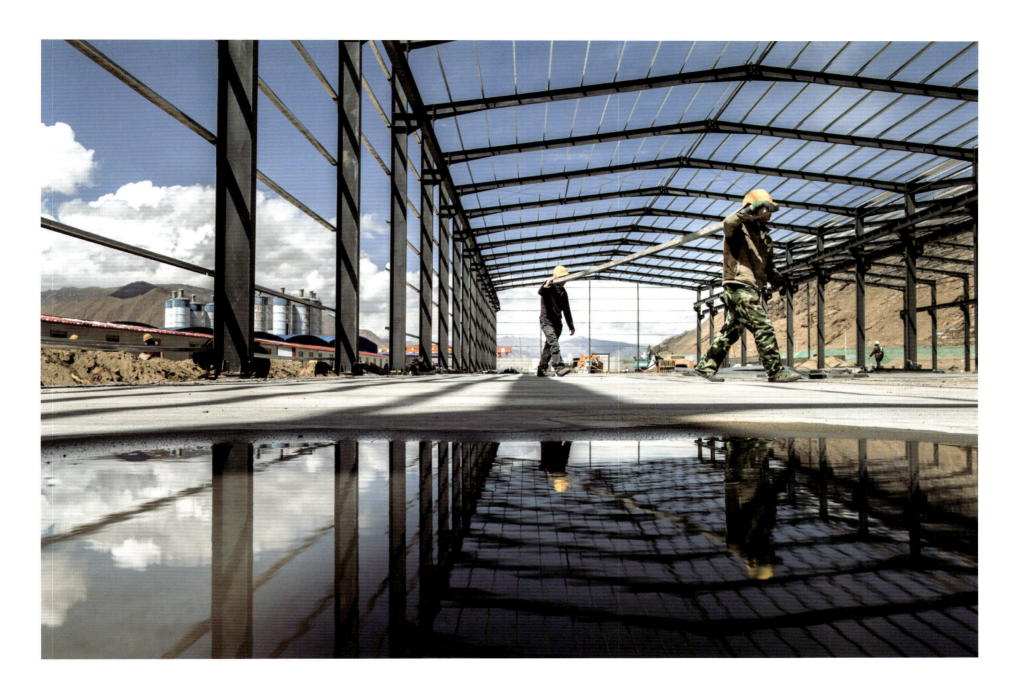

西藏第一台机车

　　青藏铁路安多铺架基地是空降的一个基地。在修建青藏铁路之前，都是依托既有铁路向前修。因为修建铁路需要许多大型机械设备和大量的建设物资，都需要依靠铁路来运输。而中央为了加快青藏铁路的建设，决定在安多增加一个铺架基地，增开两个铺架口，分别往唐古拉方向和拉萨方向铺架。在这个铺架基地，新建了两个制梁场、一个制枕场、一条轨排生产线。铺轨机、架桥机等大型设备都是拆解了，用汽车运送到安多铺架基地然后再组装起来。

　　但是火车头怎么办？当时我们铁路工程建设使用的都是东风4型内燃机车。该型车是当时干线主力牵引机车，总重138吨的庞然大物，装配精密，平时的维护修理都是小修进机务段，大修要进机车车辆工厂。

　　从青海的秀水河解体，用汽车背着火车头。一路翻越昆仑山、唐古拉山，经过的桥梁、涵洞能否承载得起？海拔4700米的安多铺架基地，飞沙走石、一日四季，在这样的自然环境下组装火车头不可想象……

　　然而对铁路建设者来说，只有想不到的，没有做不好的。铁道部还是发挥集中力量办大事的优势，青藏铁路公司、中铁十一局等单位克服重重困难，终于创造了用汽车"背"火车上高原、在西藏组装使用的奇迹。

40

路上的桥

  拉萨河特大桥是青藏铁路进入拉萨市的最后一座特大桥，也是青藏铁路全线唯一一座非标准设计的特大型桥梁，全长928.85米，是青藏铁路的重点标志性工程。

  拉萨河特大桥的三个拱象征洁白的哈达，桥墩是牦牛腿的造型。如今，它已成为拉萨的地标之一。

  暮色苍茫，建设者们在拉萨河特大桥施工，等待着远方。

  2018年10月18日，中铁十一局的建设者正在架设昌果特大桥。该桥位于雅鲁藏布江北岸，全长3794米，共需架设111孔，属川藏铁路拉林段。正在施工的铁路大桥与青藏高原的壮丽山河形成一道新的靓丽风景。

  高原铁路的桥要么因为地形地貌条件必须以桥跨越，要么为了生态环保，以桥代路。

雾凇

2019年元旦前，我们行至雅鲁藏布江边。此时，建设中的山南县贡嘎车站附近出现了罕见的高原雾凇奇观。

雾凇是在特定气候条件下才会生成的一种自然现象，在西藏原来闻所未闻。我们在拉林铁路首跨雅鲁藏布江的时候，遇到雾凇奇观，当地的藏族同胞说："我这辈子第一次见到，几十年未遇，真是上天的造化。"夜间在零下20摄氏度，早上突然升温出现雾凇奇观，我们的架桥机内燃发动机都因为低温不能起动，只能看着大雾逐渐消散，等待气温升高，机器可以发动，才能开始新的一天的工作。

每日醒来远处是雪山、雾凇奇观，近处是在向前铺设的轨排。

雾凇美景中，建设者们筑路的步伐从未停歇。

雪域铺架

西藏的雪，是这个星球上最洁净的雪。我们在施工中，经常飞雪相伴。

建设青藏高原铁路的施工现场周围，常常几十公里渺无人烟，而我们就和山川河流、飞鸟、风霜相伴。四处总是很安静，机器的声响就变得剧烈又空灵。

白雪覆盖雅鲁藏布江河谷，我们在雾霭、大风和飞雪中前进，感觉到孤独，也感受到强大。

川藏线建设

建设者们的心中，怀着一份"青藏铁路"之魂。

拉林铁路是川藏铁路的试验段，要针对川藏铁路的特殊情况做好技术、设备等各项准备工作。川藏铁路雅安到林芝段设计时速200公里，拉林段设计时速160公里，全部采用无缝线路技术。我们要把钢厂定轧的500米长定尺钢轨运到协荣铺轨基地存储，然后运输到施工现场进行铺轨，再经过现场焊接，变成全线无缝钢轨，实现高速铁路轨道。

川藏铁路拉林段协荣长钢轨存放场、制梁场，嘎拉山隧道施工时场景及拉林铁路筑建时的风光，在高海拔、高寒和缺氧的青藏高原一览无余。2017年，嘎拉山隧道连续100多天涌水量超万方。建设者们用他们的智慧解决涌水难题，战胜隧道施工的不可能。

筑建

人类铁路发展史上史诗的主角，

是成千上万奋战在青藏高原上普通却伟大的中国工人。

我们从唐古拉山启程，与措那湖擦肩而过，穿越广袤羌塘草原，穿越羊八井大峡谷，跨越拉萨河，2005年10月12日，终于把钢轨铺到了拉萨站——青藏铁路的终点。

　　2005年10月15日，在拉萨站举行了隆重的青藏铁路全线铺通典礼。青藏铁路全体建设者按照建设世界一流高原铁路的目标，在素有"生命禁区"之称的雪域高原上，克服了高寒缺氧等难以想象的困难，努力攻克"多年冻土、高寒缺氧、生态脆弱"三大世界性难题，艰苦奋斗，无私奉献，优质高效地完成了青藏铁路全线铺通任务。青藏铁路全线提前铺通充分表明，中国铁路建设战线的干部职工，是一支关键时刻能打硬仗、能打胜仗、值得信赖的队伍。

　　现在，为了川藏铁路的开通，我的同事们依然日夜奋斗在高原之上。

棉袄常年穿

多为绿色或蓝色

皮帽

皮毛一体
加厚加长型
早晚需要时将帽耳放下来
刮风雨雪天更有用

翻毛劳保鞋

保暖防滑
方便实用

厚裤

棉裤
毛裤

我们的建设记忆

我们开车数千公里去青藏高原，车到青海湖时，看碧水蓝天、帐篷鲜花，休长假的游人在湖边如潮涌，我们却一刻不停如箭般奔赴青藏铁路建设战场。

我们几乎买光了青海省的帐篷、铁锹、被子、军大衣等物资。职工从各地赶来。在兵站大房间刚打下地铺睡着没多久，我便接到了紧急命令要即刻把百八十号人叫醒，带着大家连夜上工地。

我在项目部门口看见一个穿着破烂不堪的军大衣的人朝院子里走来。走近后听见他低声喊我，从声音才辨析出来，他是我们三公司总经理助理彭天军。他连续10多天守在一个因为流沙，反复塌孔的桥头攻关，太阳晒得他脖子以上的皮肤全部脱落，以至朝夕相处的我竟然没认出他来。

在工地上，我看见二公司的党委书记彭兴文在路基上指挥装载机，看见三公司总工吴启新在柯柯站扒道砟。柯柯站站改，5000多人在几个小时内把整个车站翻了一个个儿，几乎每根枕木上都有一到两个人。三公司总经理赵高启每天晚上1点多打着点滴主持交班会，父亲去世不能回去奔丧，只能在路基上朝着东南方河南老家的方向磕了三个头……很长一段时间，能找到一张床就是幸福，每天工友们大概只能睡3个小时。

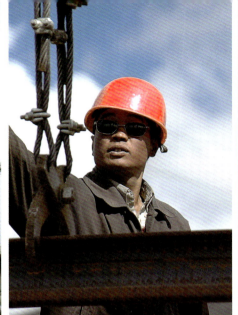

高原反应

从拉萨到安多，随着海拔的增高，人的高原反应一般会经历当雄八塔、那曲、安多3个台阶。每上一个台阶，反应逐渐加重。车过当雄，我明显地感觉气喘；等到了那曲，无论你吃任何东西都味同嚼蜡；到了安多，吃不下、睡不着，头痛欲裂……

2004年3月下旬，我来到安多，草未青，黄沙烈，寒风吹着人走，一片肃杀。高寒缺氧是青藏铁路修建的三大难题之一。为此，青藏铁路上场之初就制定了完善的安全保障措施。铁十一局医院在安多铺架基地设工地医院，有高压氧舱、制氧站等，医疗条件超过当时西藏大多数县医院。项目部为所有人员配发红景天等抗高反的药物，并要求每天必须吃。我

们还保证氧气每人一瓶，工地上、火车驾驶室里、办公室、宿舍床头都有配置。

在高原，生命非常脆弱，人就靠一口气活着。挺过去了，就活着，挺不过去，就是死亡。在安多，我两次因为高原反应而命悬一线。

第一次是要吃晚饭时，我正准备去食堂吃饭，突然头晕，四肢无力，感觉与死亡只有一步之遥。那天我们公司的党委书记韩锡燕同志刚好到安多检查工作。他看到我的状况，立即指示下送拉萨。我起初还不同意，因为我知道从安多到拉萨500公里，中间经过那曲市和当雄县，市医院和当雄医院的医疗条件和医术都可能比我们工地医院的差，也没有高压氧

舱。如果我在路上反应加剧，连抢救都没有条件，但是领导坚持必须下去。我服从了组织决定，搭领导的车往拉萨走。一路上我躺着休息，感觉没有加重。等车到当雄羊八井站，领导们下车去看工地，我突然感觉有精神就下车走了走。等晚上到了拉萨，感觉就完全好了。

另一次是在安多到那曲中间的无人区工地检查施工，突然感觉腹部非常难受，一点力气和精神都没有。同事们下车去查看工地，我坐在车上却不能动弹。等回到安多铺架基地，我被直接送进了工地医院。局医院的医生马上诊断为脱水，立即输甘露醇，我才慢慢缓了过来。筑路时轨排队女工班的女工们有几人突然晕倒，有的摔掉了牙齿。其他同事因为突然的高原反

应而急救的情况时有发生。

我也曾经送受伤的工人去工地医院，他因受挤压造成小手指末节骨肉分离，必须截断末端骨。看着医生用钳子生生夹断，工友咬着牙忍着泪的那幅场面，永远印在我的脑海里。

青藏高原险峻，在今天高原反应依然不可小视，工作在这里就是一种奉献。多少年来，我们没有心生半点退却。

女工班

她们是别人家的女儿、姊妹、妻子、妈妈——2005年至2007年，海拔4704米的青藏铁路安多铺架基地，中铁十一局三公司轨排班的26名女工，日夜生产青藏铁路西藏境内铺架所需要的轨排。她们获得过"全国五一劳动奖状""全国五一巾帼奖"的表彰。

在高原上施工，女工们穿着不同于别处的防护衣物。多年后，这些有关衣物的记忆，依旧频繁出现在参建者的回忆中。

2019年，中铁十一局桥梁公司拉林铁路质检女工班获得"全国五一巾帼奖""最美铁路人"荣誉称号。

这两个女性集体，高原见证了她们的悲欢和奉献。

帽子
各种多层叠加
保暖和遮阳

墨镜
超大深色
高原艳阳下遮阳和保护眼睛

口罩
为了遮阳
保护面部皮肤

围裙

护袖

铺轨到拉萨

　　2005年10月15日，青藏铁路全线铺通，拉萨站是青藏铁路的终点。铁道部（现中国国家铁路集团有限公司）在拉萨举行了隆重的典礼，庆祝这一光荣时刻的到来。

　　时任国务院副总理黄菊在庆祝大会上宣读了胡锦涛总书记的贺信，随后发表讲话，要求青藏铁路全体建设者继续发扬青藏铁路精神，再接再厉，乘胜前进，优质高效地完成剩余工程，高标准高质量做好青藏铁路运营准备工作，全面实现建设世界一流高原铁路的目标。

最壮丽的铁路

　　我们修建了一条跨越世界最恶劣环境的铁路：在雪峰中开凿了7条隧道，在山谷与河流上修建了675座桥梁。14万名工人和2000名医护人员奋斗5年，建成了青藏铁路二期工程中的格拉段。

　　2006年7月1日，青藏铁路全线通车。

　　青藏高原上的铁路，是进入天堂一样美景的最为稳定和舒适的交通工具，是高原天际线上强劲的景观，它更是一种精神，屹立在高原，也凝聚在人的心中。

青藏铁路大事记

1956年	开始勘测
1957年	决定建设青藏铁路西宁至格尔木段
1974年	青藏铁路第二次上马
1978年	青藏铁路第二次下马
1979年	西宁至格尔木段铺通
1984年5月	西宁至格尔木段建成通车运营
2001年6月29日	格尔木至拉萨段开工建设
2001年10月18日	风火山隧道开建
2002年10月19日	风火山隧道顺利贯通
2002年9月3日	青藏铁路公司正式挂牌
2005年8月24日	青藏铁路铺轨顺利通过唐古拉
2005年10月12日	青藏铁路全线铺通
2006年3月1日	青藏铁路货车试运行
2006年5月1日	青藏铁路空载旅客列车试运行
2006年7月1日	青藏铁路全线开通
2007年9月6日	西格段增建二线工程开工
2007年11月6日	关角新隧道正式开工建设
2008年5月6日	青藏铁路西宁至格尔木段电气化开工建设
2011年6月29日	西格段电气化正式开通
2014年4月15日	新关角隧道双线正洞全部贯通

最自豪的铁路

从2001年到2006年的5年中,在建设者们的努力下,铁路不断向前延伸,越过雪域,越过湿地,铁路连接起布达拉宫。

在世界之巅,在最纯净的高原上,青藏铁路是最美的铁路,没有之一。

青藏铁路在不同区段的身姿,雄壮、俊丽,让我们这样的建设者难忘。

作为铁路建设者,一生修过这样的一条铁路,一辈子自豪、幸福。

2021年12月,另一条因为难度将写入世界铁路史册的铁路——川藏铁路雅安至林芝段开工建设。

正在建设的川藏铁路是迄今为止人类历史上最艰难的铁路工程,其中雅安至林芝段,起自成都至雅安铁路雅安站,经甘孜、昌都、林芝,接入拉萨至林芝铁路林芝站。

新建正线1011公里,全线共设26座车站。设计标准为双线电气化铁路,时速120至200公里,具备动车组开行条件。

整个线路地形起伏剧烈，地势七下八上，需要"穿七江过八山"，即依次经过大渡河、雅砻江、金沙江、澜沧江、怒江、易贡藏布江、雅鲁藏布江等七大江河，穿越二郎山、折多山、高尔寺山、沙鲁里山、芒康山、他念他翁山、伯舒拉岭、色季拉山八座高山，累计爬升高度达到1.4万米。

　　川藏铁路新都桥至波密段计划2021年12月1日开工，建设工期11年，计划2032年11月竣工，距离最初开工整整12年之久。

祥美

铁路如同一双臂膀，增强了雪域高原与祖国内地的硬联通。

铁路也已融身其中，成为高原的一份景致。

旅行者说，人们有各种各样的理由到西藏去，而青藏的铁路本身就已是一个理由。

　　有了铁路，就如同有了一双臂膀，增强了雪域高原与祖国内地之间的硬联通。

　　从建设到运营，相挽而伴，从经济、生态和人文多方面，呈现出彼此的深情和完美的和谐。青藏高原的铁路在建设中坚持高水平绿色环保，作为高原交通大动脉对经济发展的助推器，对青藏地区扶贫、人文、经济发展力量巨大。今日青藏高原安康祥美，充满活力。

　　高原之上，万物恒久远，风景与人文之中，铁路已融身其中，成为高原又一份景致。

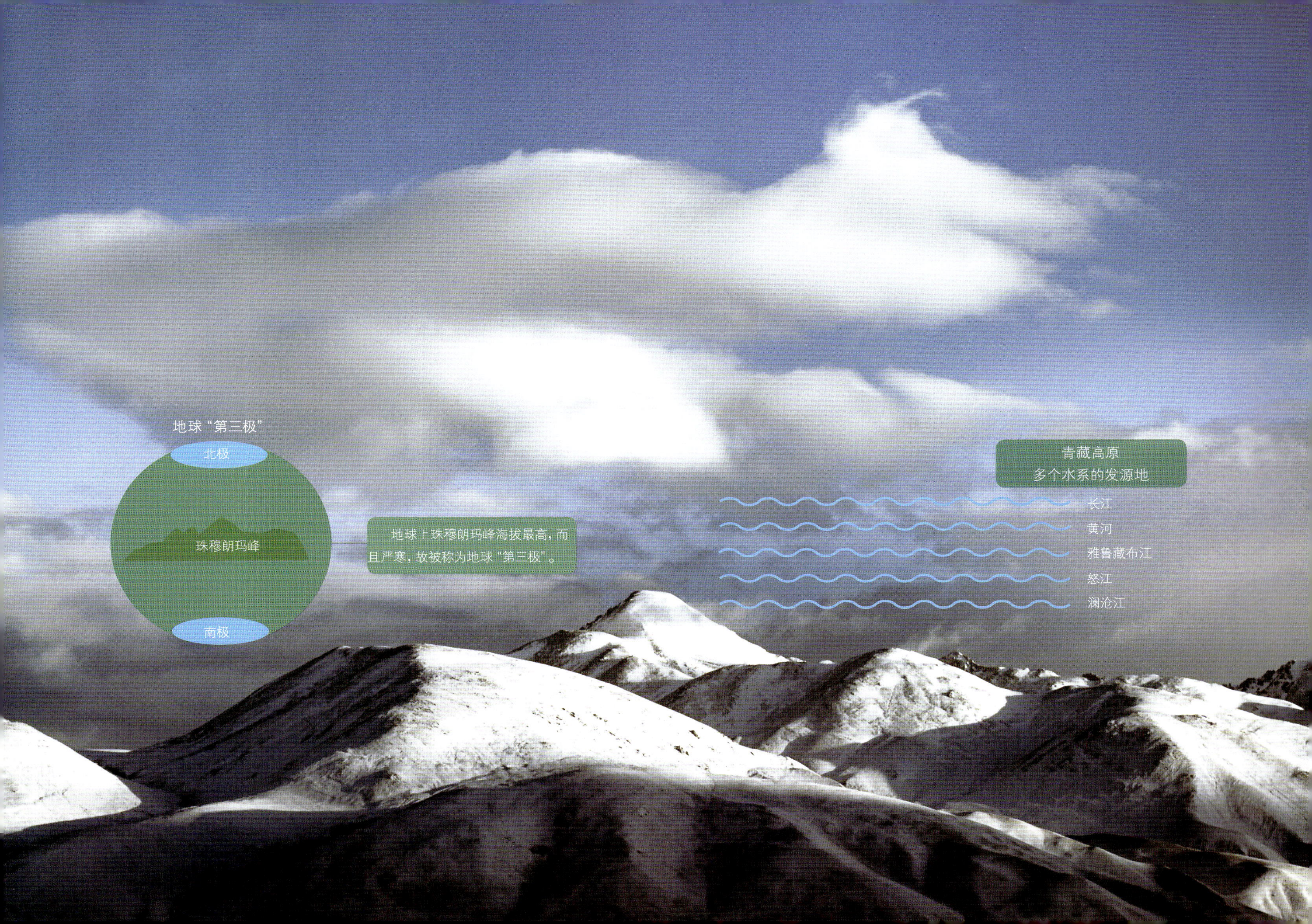

地球"第三极"

北极

珠穆朗玛峰

南极

地球上珠穆朗玛峰海拔最高，而
且严寒，故被称为地球"第三极"。

青藏高原
多个水系的发源地

长江
黄河
雅鲁藏布江
怒江
澜沧江

高原环境保护

人类生存困难的青藏高原之上，植物的生长也是如此艰难，每一株植物都是无比珍贵。而地面植被一旦被破坏，在风沙作用下会成为一个沙坑，随时间不断增大。

青藏铁路全长1956公里，按路基宽8米计算，如果不加以植被保护，修建青藏铁路将在高原上撕开一道面积以亿平方米计算的"疤痕"。而青藏高原作为地球的温度调控器、多个重要水源的发源地，其环境保护直牵人心。

施工前，工人先把地面植被划成一个个小块，然后连同熟土剥下，异地移植养护。施工完毕后，这一块块草皮再被重新铺到施工场地的地表或路基边坡上。据统计，全线草皮移植80万平方米，回铺利用45万平方米，相当于175个绿茵足球场。

青藏铁路筹备期就引进了动植物专家，对环保工作全部超前考虑，提前部署。选线尽量避开野生动物栖息地、活动区域，沿途修建了33个野生动物迁徙的通道。

盼铁路

在青藏铁路建设中，当地的藏族牧民们常常独自或结伴而来，来看我们修铁路。

他们有人从很远的地方来，带着干粮走了几十公里的路，然后在线路边长久地观看我们施工。

老人、孩子、妇女，成群结队……他们在守候着一条铁路的到来。

这样的关注，我们在其他地方从来没有遇到过，这让我们感动，也让我们更加充满了责任感。

新世界

　　两个穿红衣服的小姑娘在钢轨铺好还没有火车行驶的轨道上游戏，牦牛在铁路边吃草，建设工地上藏族同胞和我们一起工作，他们开心地领取工资，他们对建设中来到高原的新事物好奇又充满热情……

　　而古老的村庄，等待着铁路修到村口。铁路的到来，为高原的人们打开了一个新世界。

新生活

2018年，我再次进藏参与拉林铁路的建设，所见所遇，深刻感受到雪域高原已经发生了翻天覆地的变化。原来拉萨市内空荡荡的街道，现在也像其他省会城市一样时时堵车。

2003年我们在建设拉萨河柳梧防洪堤时，拉萨才开始柳梧新区的规划。现在，这里高楼林立，市场繁荣，还有网红打卡地——文成公主实景剧场等新的地标，到处花团锦簇。柳梧新区已经找不到当年的一点点影子。谁能想到这里曾是一片空阔的河滩地，刮风时黄沙遮天蔽日。

而变化最大的是人。

我们工地旁边的协荣村等村子，村民们抓住修建机场高速公路、拉日铁路和拉林铁路的机会，利用扶贫贷款购买了挖掘机、装载机、洒水车、运输车等大型施工机械和车辆，到工地上承揽施工任务。有位叫德吉的中年妇女，利用自己汉语好的优势还组织了几十位村民集体到我们工地打工，当起了"小包工头"。因为国家的好政策，通过辛勤劳动，村民们富了起来，家家户户盖起了新房。

好多家的孩子上了名牌大学，德吉的女儿在大学里谈了汉族男朋友……虽然远隔数千里，孩子们和父母通过网络视频联系，旁观者也能感受到他们的幸福。

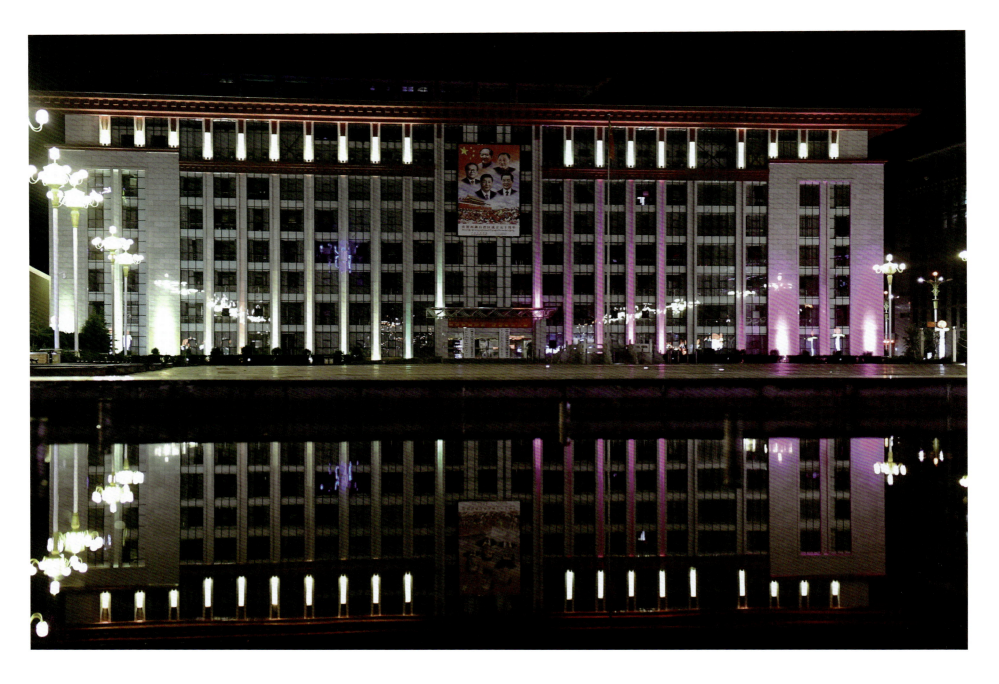

后记

2021年六七月间，在庆祝建党百年的日子里，突然接到朋友信息。他在参观上海中共一大纪念馆时，发现我拍的青藏铁路铺轨到达措那湖的照片在展厅里展出。这张照片是整个展厅中唯一有中国铁建企业标识的照片。

2021年8月的一天，新华社湖北分社图片总监杜华举，发现《摄影世界》发表的一张青藏铁路寒冬铺轨的照片也是我拍的。我找来杂志一看，原来是中国图片社刊发了《红色记忆 珍贵瞬间 党史学习图片选刊》专题，选取了自1921年以来的62张珍贵照片，平均一年不到一张照片入选。而我拍摄的照片也是62张中唯一一张有企业标识的照片。

2004年12月11日，我接到局指挥部党工委书记高潮府的电话，他问我在《人民日报》发表什么了？我莫名其妙，啥也不知道。原来当日一早，中铁十一局的党委书记王国平、副书记雷佳民分别给局指挥长和书记打电话，说我的照片在《人民日报》发表了。这又不是我第一次在《人民日报》发表作品，怎么会这么大动静呢？他们立刻派人到拉萨街上去买报纸。一看才知道，《人民日报》当日头版、报心、加大、加标题刊登了我拍摄的题为《严冬铺轨向拉萨》的照片。橘红色的铺轨机和蓝天、

白云、高高的路基倒映在水中，铺轨机大臂上的"中国铁建十一局"几个大字也分外醒目……

原来想着那些照片发表过了就过了，我的电脑也许就是它们最终的归宿了。但没想到的是，10多年过去了，在纪念改革开放30年、建国70周年、纪念建党100周年等重大活动中，我的照片都非常幸运被选中，再次发表出来。中国铁建的项目工地遍布全国各地，在各地出差时也经常会在工地的围挡上、办公场所的挂图中，甚至在抽纸盒上，都意外看到我拍的照片。

2021年8月的一天，我在朋友圈转发了《湖北画报》发表的《我们在西藏修铁路》的一组照片和文字。亦师亦友的《十堰日报》视觉总监、首席摄影记者陶德斌给我打来电话，说这些青藏铁路、拉林铁路的照片都非常珍贵，躺在自己电脑里很可惜，还是出本画册吧。我实言以告，出画册是我多年来梦寐以求的事，但因为一是我对出版编辑一窍不通，无从下手；二是我所拍的大多数都是青藏铁路、拉林铁路铺轨架桥的场景，比较单薄；三是我对自己的图片总是敝帚自珍，从众多的照片里选哪张、弃哪片下不了手。我把照片拷贝硬盘快递给陶总，陶总很快印了一本黑白画册。之后，多位编辑、设计师重新策划、选图、设计，历时半年之久，制作成初版的彩色画集。

我把电子样本发给了西藏自治区人大常委会原党组副书记、副主任周春来和新华社广东分社周健伟副社长，请他们审阅，并帮我写序。两位领导都平易近人，正直坦荡，乐于助人。周副主任大学毕业就进藏工作，直到退休，他身上闪耀着"老西藏精神"的光辉，一直潜移默化地影响着我，激励着我，是我学习的榜样。周副社长在调任广东之前任新华社西藏分社副社长，援藏4年，采访的足迹遍布西藏的村村寨寨，山山水水。他们和所有在西藏奋斗过的人一样，都一直怀有强烈的西藏情怀。

近30年的筑路人生中，我有3段时间工作在青藏高原。这本画集是从一个个人视角对青藏高原铁路建设经历的点滴记录，也是西藏情怀的一份纪念册。

感谢为这本画集出版给予过帮助的所有人！

2024年，是青藏铁路开工建设23周年、开通运营18周年，也是拉林铁路正式开通第4年，谨以此书献给所有参与过青藏高原铁路建设的人，献给所有关心、支持青藏高原铁路建设的人，献给我的单位——中铁十一局和中铁十一局三公司。

王荃荃

2024年3月

图书在版编目（CIP）数据

我们在西藏修铁路 / 王荃荃著．-- 北京 ：外文出
版社，2024.5
ISBN 978-7-119-13923-4

Ⅰ．①我… Ⅱ．①王… Ⅲ．①铁路工程－建设－史料
－西藏－摄影集 Ⅳ．① F532.9-64

中国国家版本馆 CIP 数据核字（2023）第 250180 号

责任编辑：于晓欧
特邀编辑：曹　芸　王舷歌
装帧设计：HORIZON　李极平　彭源薤　马鸣川
印刷监制：王　争

我们在西藏修铁路

王荃荃　著

出 版 人：胡开敏
出版发行：外文出版社有限责任公司
地　　址：中国北京西城区百万庄大街 24 号　　邮政编码：100037
网　　址：http://www.flp.com.cn　　　　　　电子邮箱：flp@cipg.org.cn
电　　话：008610-68320579（总编室）　　008610-68996057（编辑部）
　　　　　008610-68995852（发行部）　　008610-68996185（投稿电话）
制　　版：北京杰瑞腾达科技发展有限公司
印　　刷：天津盛辉印刷有限公司
经　　销：新华书店 / 外文书店
开　　本：16 开
字　　数：70 千字
印　　张：10
版　　次：2024 年 5 月第 1 版第 1 次印刷
书　　号：978-7-119-13923-4
定　　价：178.00 元